Rudolf Diener

Lebensstreiflichter

Nachdenkliche und heitere Betrachtungen

AF201316

Lebensstreiflichter

Nachdenkliche und heitere Betrachtungen

Rudolf Diener

Bibliografische Information der Deutschen National-
bibliothek: Die Deutsche Nationalbibliothek ver-
zeichnet diese Publikation in der Deutschen Natio-
nalbibliografie; detaillierte bibliografische Daten
sind im Internet über http//dnb.dnb.de abrufbar.

Herstellung und Verlag:
BoD – Books on Demand, Norderstedt

ISBN: 978-3-7481-6661-0

INHALTSVERZEICHNIS

TAG, MUTTER!

Hast mich Deine Liebe spüren lassen
    gegen Gewalt und Kleinkrieg
Hast mir Wärme gegeben
    gegen Egoismus und Ellenbogengesellschaft
Hast mich verstehen gelernt
    gegen Intoleranz und Gleichgültigkeit
Hast mir Hoffnung aufgezeigt
    gegen Resignation und Frustration
Hast Dir Zeit für mich genommen
    gegen Alltagshektik
Hast mir meine Fehler verziehen
    gegen Leistungsdruck
Hast mich in Bescheidenheit geübt
    gegen Wohlstand und Wegwerfmentalität
Danke, Mutter!

KEINE ZEIT

Der Mensch, er denkt im Voraus soweit
und sagt geschwind, er habe keine Zeit.
Doch dann sieht er im Nachhinein,
dass manche Zeit sich stellte ein.
Künftig ist er nicht mehr so schnell bereit
zu sagen, er habe keine Zeit.

MONOTONIE

schlafgesicht
frühstück gericht
körper waschen
presse erhaschen
brote schmieren
probleme diskutieren
gedanken hängen
aufgaben drängen
hunger stillen
körper verhüllen
gehen müssen
frau küssen
auto jagen
verkehr ertragen
betrieb erreicht
uhr geeicht

NUR TRÄUME

Der Mensch denkt in seiner Phantasie.
Bilder entstehen, Gedanken schweifen.
Was er erlebt, was Schöneres gäb es nie.
Es bleibt ein Traum und will es nicht begreifen.

TAGTRÄUMER

Jetzt hier
Alltagstrott
leben
handeln
frustriert

Jetzt woanders
Scheinwelt
wünschen
fühlen
träumen

Jetzt gleich
Realität
siegt

TAGTRÄUMER 2

Du wanderst in Erinnerung.
Alles ist ohne Schwung.
Du denkst zurück
an vergangenes Glück.
Du versetzt dich in Situationen,
willst vergessen gegenwärtige Stationen.
Du willst jemand anders sein.
Stehst nur noch auf der Erde mit einem Bein.
Komme wieder herunter
und lebe wirklich, munter!

STRANDSPAZIERGANG

In Gedanken versunken
den Alltag hinter sich lassen.
Zeit löst sich auf
in die Weite des Meeres.
Sehnsüchte werden wach.
Am Horizont gehen Träume in Erfüllung.

ZEITENWENDE

Oktobersonne,
des Jahres letzte Wonne.
Golden liegt sie über dem Land,
wärmespendend wie ein Band.
Die Blätter bunt in den Bäumen liegen,
bald werden sie farblos in den Lüften fliegen.
Noch scheinen sie in leuchtendem Rot.
Morgen schon kann sie umgeben der Tod.
Ihre Tage sind bald gezählt,
wenn der Nebel sich mit dem Winter vermählt.
Vorbei dann die Schönheit, die man genossen.
Vorbei die Farben, sind endgültig verflossen.
Der Sonne Vorhang fällt hernieder.
Sehnsüchtig erwartet wird sie immer wieder.

HITZEFIEBER

erdrückende lähmende Stadt
teilnahmslos herumirrende Menschen
schweißrinnende ekelerregende Gerüche
ansteckende lethargische Lustlosigkeit

ABENDSTIMMUNG

sonne leuchtet feurig im abendrot
fisch schwimmt im wasser wie tot
männer sitzen schweigend im boot
frauen treibt die lust auf geld in not
dampf quillt ständig aus dem schlot
bettler stürzen sich hastig auf ein brot
stadt kann nicht ruhen da aus dem lot

WARTEN

entscheidungen Wollen nicht fallen.
geduld will nicht mehr vorhAnden sein.
Ungewissheit will peRmanent aufkommen.
zweifel erhalten sTändig nahrung.
zeit will nicht vergEhen.
warten wird zur eNdlosigkeit.

ABSCHIED

gemeinsame Zeit
Wege die sich trennen
dem Heute folgt kein morgen
Gedanken finden nicht mehr zueinander
Sehnsucht verliert sich im Nichts
auf der Suche nach Erinnerungen
einsame Zeit

ERINNERUNGEN

gedanken auf reise
bilder im zeitraffer
augenblicke werden realität
gefühle bekommen leben
worte gewinnen bedeutung
gestern ist heute

SCHWÜLE IN DER STADT

lähmende Hitze raubt alle Sinne
beklemmende Enge treibt ins Freie
schweißbadende Körper verlangen nach Abkühlung
trockene Gaumen warten auf Erfrischung
atemlose Luft erstickt alles im Keim
fehlende Gedanken stürzen sich in Lethargie

STILLSTAND

gefangen im Netzwerk der Gedanken
quälende Probleme und grübelnde Fragen
der Alltag lähmt und ermüdet
gibt es eine Lösung oder ist es ausweglos?

ARBEITSLOS

URTEIL
schafft vollendete Tatsachen
WELTUNTERGANGSSTIMMUNG
dreht den Magen um
HOFFNUNG
wird auf dem Abstellgleis begraben
PERSPEKTIVE
platzt wie eine Seifenblase
ALPTRÄUME
werden ausweglos wach
SCHAMGEFÜHL
treibt ins gesellschaftliche Abseits
SPRACHLOSIGKEIT
erstickt Unrecht im Keim

KRIEG

Intoleranz
Feindschaft
Hass
Gewalt

blutet aus
jungen zerfetzten Männern
wehrlosen geschändeten Frauen
unschuldigen verstörten Kindern

wächst in
gedemütigten geschundenen Opfern
verletzten vergewaltigten Seelen
heimatlosen geknechteten Völkern

MEIN FRIEDENSALPHABET

Akzeptanz
Beistand
Chancengleichheit
Empathie
Friedfertigkeit
Gewaltlosigkeit
Humanität
Inklusion
Kompromiss
Lösungen
Meinungsfreiheit
Nächstenliebe
Respekt
Solidarität
Toleranz
Umkehr
Vergebung
Wiedergutmachung
Zusammenhalt

WEIHNACHTSSTRESS

Geschäftigkeit ist in den Straßen.
Menschen, die sich anstecken lassen
jagen, hetzen und eilen;
haben keine Zeit zum Verweilen.
Weihnachten naht –
Zeit im Hochspannungsdraht.

Geschenke in Glitzer verhüllt.
Gefieder, das den Hunger stillt
wandern über Warentische.
Keine beschauliche Nische.
Weihnachten naht –
Zeit im Hochspannungsdraht.

Arbeit, die keinen Aufschub duldet.
Leistungsdruck, der Erbarmen schuldet.
Der Jahresabschluss nicht mehr weit.
Keine Zeit für Sinnlichkeit.
Weihnachten naht –
Zeit im Hochspannungsdraht.

Alles stehn und liegen lassen.
Den Umstand und andere hassen.
Alles und sich selbst verfluchen.
Besinnung oder nur das Weite suchen?
Weihnachten naht –
Zeit im Hochspannungsdraht.

WEIHNACHTEN 1997

Lichterketten schmiegen sich an Koniferen und
Sträuchern.

Illegale suchen nach Legalität.

Kirchenglocken läuten die Feiertagsstimmung ein.

Konsumgüter wechseln den Besitzer.

In Kneipen werden Gefühle mit Alkohol bekämpft.

Weihnachtsgänse wandern von der Tiefkühltruhe in
die Bratröhre.

Obdachlose suchen in Wärmestuben Heimat.

Aus Containern quillt Verpackungsmaterial.

WARUM?

Herr, ich frage mich, warum ausgerechnet ich
diese Krankheit bekommen muss?

Es scheint alles hoffnungslos.

Traurigkeit umgibt mich.

Ich zweifle daran, ob es Dich überhaupt gibt.

Wo bist Du?

Warum lässt Du das zu?

Lass mich nicht fallen!

Halte mich fest!

Trage mich durch diese dunklen Tage.

Nimm meine Sorgen in Deine Hände.

Hilf mir!

Zeige mir einen Weg aus der Ausweglosigkeit.

Schenke mir Hoffnung.

KREUZWEGE

Alte	ohne	Zuversicht
Arbeitslose	ohne	Chancen
Gefangene	ohne	Selbstachtung
Jugendliche	ohne	Perspektive
Kranke	ohne	Hoffnung
Sterbende	ohne	Begleitung
Trauernde	ohne	Trost

SCHULDZUWEISUNG

Eine Frau nimmt die Pille,
weil es des Mannes Wille.
Und geht die Verhütung dann daneben,
gibt er ihr einfach die Schuld dann eben.

RÖMISCHE ZEITRECHNUNG

Das Kondom
aus Rom
haben wir noch nicht zur Hand.
Drauf wartet schon das ganze Abendland.

LIEBESLEBEN

Ein Paar sich fand
glücklich Hand in Hand
da glühte der Liebe Band
Jahre ziehen ins Land
Gefühle stehen am Rand
das ist der Liebe Pfand

SORGENBRECHER

Am Tresen gesessen.
Die Sorgen vergessen.
Am nächsten Tag der Schädel brummt.
Die Probleme sind nicht verstummt.

NUR MONETÄRES

Ein Mann an der Bar, will nur reden.
Eine Frau umgarnt ihn, sie nimmt jeden.
Doch was er für Liebe hält,
sie tut es nur wegen dem Geld.

WEISHEIT

So ist das Leben.
Manches geht daneben.
Aller Fleiß, alles Streben
ist manchmal vergebens.
Das ist der Ernst des Lebens.

SCHICKSAL

Eine Fliege prallt mit ihrem Leibe
permanent gegen die Fensterscheibe.
Über Nacht hat sie gefunden das Loch.
Das Tor vom Leben zum Tod jedoch.

VOM ERBEN

Der Mensch tut noch nicht sterben,
derweil die Erben
um seine Gunst werben.
Das bringt sie untereinander ins Verderben.

SANKT BÜROKRAT

Ein Mensch bekommt einen Fragebogen.
Er soll ihn ausfüllen, ungelogen
für sich, seine Frau und seine Kinder,
die großen und die kleinen Münder.

Beim Säugling ist nach dem Beruf gefragt.
„Esser" schreibt er, ganz unverzagt.
Er selbst kann ihn nicht fragen,
dieser wird hierzu auch nichts sagen.

LEBENSVERLÄNGERUNG

Einer kleinen Maus
droht der Garaus.
Sie macht sich nichts draus
und hält es noch lange aus.

HOBBY

Des Deutschen liebstes Kind
nun mal die Autos sind.
Wenn er sich mit deren Pflege bind,
macht ihn diese Liebe blind.

KEHRAUS

Stunde der Ernüchterung,
ohne Stimmung, ohne Schwung.
Doch das Leben geht weiter,
auch froh und heiter.

HEIMATGEFÜHLE

Wo stolz die deutschen Busen ragen
aus dem feinen Dünensand,
da verbringen viele ihre Urlaubstagen.
Da ist ihr Heimatland.

GEBRAUCHSANLEITUNG

Ein Mensch kennt nicht der Klobürste Verwendung.
Er meint, dies Ding sei reine Zeitverschwendung.
Flugs verlässt er die Schüssel,
damit die andern sehen sein Geschissel.

WETTEINSATZ

Wollen wir wetten
um Bier und Zigaretten,
um Schnaps oder Wein?
Nein, Bares soll es sein.
Wetten wir auf den Sport
an jedem beliebigen Ort.
Und nehmen uns gleich vor,
beim Fußball das Tor.
Ob sie verloren oder gesiegt.
Mal schauen, wer das Geld dann kriegt.
Doch oft ein Unentschieden wird gespielt,
da haben wir beide daneben gezielt.
Das nächste Mal beim Pferderennen,
den richtigen Sieger benennen.
Doch beim vorgeschriebenen Trab,
winkt das Pferd dankend ab
und legt eine andere Gangart ein.
So wird es nicht der erhoffte Sieger sein.
Da vergeht einem schnell die Lust.
Es macht sich breit der Frust.
Jetzt fällt uns nichts mehr ein.
Lassen wir es mit dem Wetten sein.
Nein, wir wetten auf das Wetter heut,
ob es regnet oder schneit.
Vielleicht macht es der Sonne Platz.
Die Hauptsache ist unser Wetteinsatz.

FUSSBALLFIEBER

Man sitzt wieder vor dem Fernsehen.
Tage, ja sogar Nächte vergehen.
Man sitzt gespannt,
man ist gebannt.
Man erzählt sich`s, man diskutiert.
Man ist enttäuscht, man triumphiert.
Man trifft Spekulationen,
begeistert sind Millionen.
König Fußball scheint zu regieren,
auch für die sich sonst nicht interessieren.
Das runde Leder hat sie alle ergriffen.
Die Mannschaften umjubelt und ausgepfiffen.
Sie, die Ehre der Nation jetzt retten.
Auf die Tausende setzen und wetten.
Sie jagen dem Ball und den Punkten hinter her.
Sie setzen alles ein, ja noch viel mehr.
Sie können, sie sollen, sie müssen gewinnen,
wenn sie nicht wollen in den Wogen der Massen
verrinnen.
Doch nur einer wird als Sieger den Platz verlassen
und wird aufgehen in der Gunst der Massen.
Doch schon hinterher
fragt ihn keiner mehr,
ob er redlich gekämpft, ob er ehrbar gesiegt,
ob er verdient den Pokal, den er jetzt kriegt.

HUNDEKOT

Die Welt noch im Lot
bis ein Hund in Not
legt seinen Kot
in ein Verbot.
Der Nachbar sieht rot.
Denkt, der Idiot.
Holt Flinte und Schrot.
Der Hund ist tot.

JAGDVERDERBER

Ein Jäger wollte jagen
muss erst den Naturschutz fragen
ob dem Umstand wird gewährt
da das Wild sich so rapid vermehrt
bekommt es doch zur Belohnung
zum Fressen eine junge Schonung
das Tier braucht seinen Lebensraum
zum Sterben verdammt ist der Baum

Ein Jäger wollte jagen
muss erst die Gemeinschaft fragen
ob es Gottes Kinder seien
er wird es ihm nie verzeihen
kann man doch gemeinsam spielen
wenn sie nicht zum Opfer fielen
gegenüber dem Tier gilt die Nächstenliebe
der Mitmensch uns dann gleichgültig bliebe

Ein Jäger wollte jagen
muss sich selbst erst fragen
ob er das arme Tier erschießt
und es hinterher begießt
ob er will dass es soll leiden
und stattdessen lieber meiden
ein Wildbret zu verzehren
und sich vom Fleisch zu ernähren

BONN
1978

Es liegt eine Stadt in heller Sonn
am Alten Vater Rhein.
Das ist unsre Bundeshauptstadt Bonn;
ein Kleinod gar fein.

Wo einst die Römer lagen
in ihrem Kastell,
hat heut man im Parlament das Sagen
in einem Rededuell.

Beethovens Geburtshaus hier steht,
der Welt großer Komponist.
Der Wind der Freiheit hier weht,
von Ernst-Moritz Arndt, dem großen Idealist.

O Bonn, du ehrwürdige Stadt.
Von dir geh aus der Frieden für die Welt,
die diesen bitter nötig hat;
so lange Gott dich in Händen hält.

EINIGKEIT UND RECHT UND FREIHEIT FÜR DAS DEUTSCHE VATERLAND…, 2010

Wie lange mussten wir diesseits und jenseits des Eisernen Vorhangs darauf warten? Wir im Westen, denen das Recht und die Freiheit von Anfang an geschenkt waren und unsere Landsleute im Osten, die Unrecht und Unfreiheit erleben und erleiden mussten.

Und jetzt sind es schon 20 Jahre, dass die deutsche Einheit Wirklichkeit geworden ist. Doch was haben wir daraus gemacht? Was ist geblieben von der Euphorie am 9. November 1989 mit der Maueröffnung und der historischen Chance der Wiedervereinigung? Sind wir ein „einig Vaterland"? Hat sich die Einheit in den Köpfen schon vollzogen? Werden unsere Gedanken nicht oft von Neid und Missgunst überlagert? Wünschen sich manche nicht sogar die Mauer zurück? Gibt es nur „Ossis" oder „Besserwessis"? Haben wir uns in den vierzig Jahren so weit auseinandergelebt, dass wir wieder auf Distanz und nicht aufeinander zugehen? Haben wir unsere westlichen Konsumgüter nicht einfach auf den Osten übertragen, weil wir der Meinung waren, dass bei uns sowieso alles besser ist und kommt jetzt die Zeit der Rückbesinnung auf die eigenen Ideen und Produkte? Ich meine, letzteres ist der Fall. Damit meine ich nicht die Floskel, dass nicht alles schlecht war in der DDR.

Wir müssen lernen, uns gegenseitig in unserer Andersartigkeit und Verschiedenartigkeit zu respektieren und zu akzeptieren. Und wir sollten uns wieder auf unsere gemeinsamen Wurzeln besinnen. Wir haben

gemeinsame Philosophen, Dichter und Gelehrte, die unsere Sprache und die Denkweisen unseres Volkes geprägt haben,

gemeinsame Baumeister, die zur Schönheit unserer Kommunen beigetragen und damit der Nachwelt große Schätze hinterlassen haben,

gemeinsame Musiker, die grandiose Werke komponiert haben in denen unsere Seele mitschwingt,

gemeinsame Bildhauer und Maler, um deren Werke uns die Welt beneidet und die das Ziel vieler ausländischer Touristen sind.

Vierzig Jahre Trennung sind doch in der Geschichte keine lange Epoche! Für diesen überschaubaren Zeitraum dürfen wir uns doch nicht auseinanderdividieren lassen! Der Aufschrei „Wir sind das Volk" kann doch nicht umsonst gewesen sein!

Mit dieser „friedlichen Revolution" haben wir der Welt ein Beispiel gegeben und vom Frieden sollte unser Zusammenleben bestimmt sein.

LEBENSWEISHEITEN

Kämpfe stets in Deinem Leben,
denn nicht alle Wege sind eben.

♣

Ein Leben, das nicht mit Sinn erfüllt
ist wie Hunger, der nicht wird gestillt.

♣

Gib nie die Hoffnung auf
in Deinem Lebenslauf!

♣

Vertreibe heute die Sorgen
von morgen.

♣

Nimm Dir Zeit zum Verweilen,
nicht nur zum Hetzen und Eilen.

♣

Halte stets an einem Ziel fest,
umso leichter fällt Dir der Rest.

♣

Gesundheit ist ein großes Geschenk,
daran immer denk!

MITGEGANGEN - MITGEFANGEN

Er irrt ziellos durch die Straßen. Hält Ausschau und kann es nicht beschreiben, nach was. Passanten kreuzen seinen Weg. Sein Blick bleibt hängen und wendet sich wieder ab. Der Verkehr fließt an ihm vorbei. Da entdeckt er eine junge Frau. Gelangweilt starrt sie in seine Richtung. Ihre Blicke treffen sich. Er spürt, dass er jemanden gefunden hat, mit dem er seine Zeit totschlagen kann. Zeit, viel Zeit, die ihm in den letzten Tagen so endlos vorgekommen ist. Er hat seit einiger Zeit keinen Job mehr. Hängt nur herum und lässt sich treiben, ziellos, planlos. Hin und wieder besucht er eine Spielhalle. Sein schmaler Geldbeutel setzt ihm ein Zeitlimit.

Sie begrüßen sich kurz. Beschließen, gemeinsam weiter zu gehen. Gemeinsam macht es vielleicht mehr Spaß, in diesem tristen Alltag. So schlendern sie dahin. Im Schaufenster eines Kaufhauses sieht sie einen Pullover, der ihr gefällt. Ihrer ist schon so abgetragen, fast schäbig. Sie gehen in die Damenoberbekleidung. Das Teil findet sie sofort und nimmt es mit in die Umkleidekabine. Er soll sich äußern und öffnet den Vorhang. Sie hat nichts drunter, füllt den Pullover aus. Er findet ihn schön körperbetont.

Sie hat kaum Geld dabei, will den Pullover haben und fragt ihn, ob er aushelfen könne. Er zuckt mit den Schultern, verneint. Bis er sich versieht, hat sie die Preisschilder abgerissen und ihren alten Pullover darüber gestreift. Schnell verlassen sie die Umkleidekabine und schieben sich in Richtung Ausgang. Sie wollen gerade das Kaufhaus verlassen, als ein lautes Signal ertönt. Es schreckt sie auf und fährt ihnen durch die Glieder. Sie erwachen wie aus einem Traum. Die Wirklichkeit hat sie eingeholt. Sie wollen fliehen, aber schon hat sie ein Verkäufer gewaltsam von hinten gepackt.

Ein Schritt hat gefehlt, nur ein Schritt in die Freiheit. Sie haben nicht an das Sicherheitsetikett gedacht. Zu schnell ist alles gegangen. Zu unüberlegt sind sie vorgegangen.

Jetzt werden sie wie Verbrecher abgeführt. Die Kunden starren sie an. Der Verkäufer bringt sie in einen Raum. Der Kaufhausdetektiv kommt. Sie werden verhört. Die Polizei wird herbeigerufen. Sie muss das Diebesgut ausziehen, sich entblößen und wieder diese Verhöre.

Nein, sie war es nicht alleine; er hat sie angestiftet, gibt sie zu Protokoll. Was muss er sich da anhören? Ihm verschlägt es die Sprache, kann sich kaum wehren. Da Aussage gegen Aussage steht, müssen sie beide mit auf das Revier. In was ist er da bloß hineingeraten?

ERINNERUNGEN EINES ÄLTEREN HERRN

Mühsam gehen seine Schritte von der Morgentoilette zum Frühstückstisch. Er versucht, sich zu konzentrieren. Die täglichen Dinge wollen ihm nicht mehr so recht von der Hand gehen.

Sein Blick geht zum Fenster. Sonnenschein fängt ihn ein. Er beginnt zu träumen. Denkt an längst vergangene Zeiten.

Wieder so ein Tag, wie alle Tage. Seine Beschwerden beim Laufen lassen es nur selten zu, das Haus zu verlassen.

Früher war er gerne an der frischen Luft. Als Jugendlicher beim Sportverein. Später an den Wochenenden mit der Familie und den Freunden. Er liebte die Geselligkeit. Saß gern in fröhlicher Runde in der Kneipe. War stets zu Späßen aufgelegt und ließ sich den Schoppen munden.

Hatte er sich schon rasiert? Wenn nicht, ist es auch nicht schlimm. Ihn heiratet sowieso keine mehr.

Er war eine stattliche Erscheinung. Hatte einen aufrechten Gang. War immer elegant gekleidet. Seine Haarpracht, ein Blickfang.

Der Morgenmantel hängt noch an seinem Körper. Soll er sich heute überhaupt anziehen? Ein Lächeln huscht über sein Gesicht. Eine lustige Episode ist ihm gerade eingefallen. Die Butter ist wieder so hart und lässt sich nicht streichen.

So einen richtigen Appetit hat er auch nicht mehr. Seitdem er Witwer ist, muss er sich das Frühstück alleine richten. Nur das Nötigste. Im Alter braucht der Mensch nicht mehr viel. Der Arzt sagt, das Trinken sei wichtiger. Viel Trinken bedeutet auch, viel Wasserlassen. Die Beine wollen nicht mehr so recht.

Die Zeitung als Morgenlektüre bringt Abwechslung in seinen Alltag. Der Sport weckt sein Interesse. Früher hatte er selbst für Schlagzeilen gesorgt. Sie mussten sich noch anders plagen. Wurden nicht so verhätschelt und gesponsert. Die Politik streift er nur flüchtig. Ändern kann er ohnehin nichts mehr und Sparen ist für ihn noch nie ein Fremdwort gewesen. Die Todesanzeigen überfliegt er noch. Den einen oder anderen kennt er. Es werden immer weniger aus seiner Generation, die noch übrig sind.

Die Bissen rutschen langsam hinunter. Es wird Zeit. Er muss sich jetzt kümmern und das Nötigste organisieren. Lebensmitteleinkauf, Kontoauszüge, Geld abheben, Überweisungen, Rezepte. Zu jeder kleinen Erledigung braucht er jemanden. Heute macht keiner mehr etwas umsonst.

Er war Chef und hatte seine Abteilung immer im Griff. Die Leute hatten Respekt vor ihm. Stets war er pünktlich und korrekt. Einsatz und Pflichterfüllung wurden bei ihm großgeschrieben. Heute schauen sie nur auf das Geld. Ohne Fleiß kein Preis! Hat es auch zu etwas gebracht in seinem Leben. War richtig stolz auf sich.

Heute würde man wohl sagen, er hat Glückshormone getankt. Das Glück war ihm nicht immer hold. Seine erste Frau jung gestorben. Die zweite, wesentlich jünger, musste ebenfalls vor ihm gehen. Ja, von schweren Krankheiten ist er verschont geblieben. Nur hie und da hat es manchmal gezwickt. Aber im Großen und Ganzen kann er, was die Gesundheit betrifft, zufrieden sein.

Sein Blick schweift über die Bilder, die an der Wand hängen. Erinnerungen werden wach. Die eigene Kindheit, die Schulzeit, die Konfirmation, die Lehre, die Hochzeit, die Kinder. An Weihnachten und Ostern, an manchen Urlaub. Lang, lang ist`s her; die Jugend, sie kommt nicht mehr.

Das Anziehen dauert eine geraume Zeit. Es geht nicht mehr so schnell wie früher. Bis er fertig ist, steht ihm der Schweiß auf der Stirn.

Er sieht sehr adrett aus in dem Anzug, den ihm der Verkäufer zur Anprobe gebracht hat. Dieser überhäuft ihn mit Komplimenten. Bei dieser Figur. Passt wie angegossen! Er weist ihn zum Spiegel. Er solle sich selbst davon überzeugen. Und die Stoffqualität. Das Ganze zu diesem Preis. Wirklich ein Schnäppchen! Hat ihn gern und lange getragen. Wann war das eigentlich, dass er ihn zuletzt angehabt hat? Bei welcher Gelegenheit? Es fällt ihm nicht mehr ein. Muss schon länger her gewesen sein. Wahrscheinlich wird man ihm diesen für die Kiste anziehen.

AUF ZUM LETZTEN GEFECHT

Die beiden standen sich auf dem Bahnsteig einer
fränkischen Großstadt gegenüber. Hier hatten sie
sich getroffen. Sie haben sich bisher nicht gekannt.
Hatten nur eines gemeinsam: einen geheim Auftrag,
von dem sie niemanden erzählen durften. Ihre Mission sollte hier beginnen.

Sie reichten sich die Hand, würdigten sich eines
ruhigen Blicks und nickten nur kurz. Angesichts der
Brisanz der Angelegenheit bedurfte es keiner Worte.
Argwöhnisch beobachteten sie ihr Umfeld. Der eine
war eine vornehme, stattliche Erscheinung. Machte
einen sehr gepflegten Eindruck. Seine Augen waren
durchdringend. Ein kurzer, weißer Schnurrbart zierte sein Gesicht.

Der andere war eher gedrungen und kräftiger.
Hatte weniger Haare auf dem Kopf. Wirkte bodenständiger. Beide waren längst Rentner. Hatten in
ihrem Berufsleben leitende Stellungen innegehabt.
Jetzt kam es auf sie an. Sie sollten noch einmal mitmischen dürfen.

Vor einer Woche haben sie das Schreiben erhalten.
Nur auf dem Briefbogen stand der Absender: Amerikanisches Hauptquartier Heidelberg. Aufgrund
ihrer Erfahrungen beim Wüsteneinsatz unter Feldmarschall Rommel im Zweiten Weltkrieg müssen
wir sie in einer dringenden Angelegenheit sprechen,
hieß es lapidar.

Seitdem hat sich ihr Leben verändert. Immer und immer wieder haben sie den Brief in die Hand genommen. Ihre Hände wurden ganz feucht. Ihr Herz schlug schneller vor Aufregung. Sie sollten absolutes Stillschweigen bewahren und zu niemandem ein Wort sagen.

Bestimmt war ihr Rat gefragt. Sie hatten es in den Medien gehört, mit welch großen Schwierigkeiten die Amerikaner im Golfkrieg konfrontiert waren. Er tobte nun schon seit einer Woche. Sie kamen nicht voran, weil sie keine Erfahrung in einem Wüstenfeldzug hatten. Der Wüstenboden und die Widrigkeiten des Wetters mit den Sandstürmen machten ihnen schwer zu schaffen. Das hatten sie unterschätzt. Die Mannschaft war nicht entsprechend vorbereitet und ausgerüstet. Es sollte kein zweiter Vietnamkrieg werden. Der Druck war ungeheuerlich.

So haben sie sich bestimmt auf sie besonnen, auf die alten Kämpfer, die unter dem Wüstenfuchs gedient haben. Viele von ihnen sind ja nicht mehr übriggeblieben. Aber sie beide standen bestimmt ganz oben auf ihren Listen. Sie waren schließlich Offiziere gewesen. Sie konnten die Tage bis zur Abfahrt kaum abwarten. Sie mussten ständig daran denken, was sie wohl erwarten würde und waren sehr aufgeregt.

DIE UNGELIEBTE STADT

Sie saß auf ihrer Couch. Der Schein der Stehlampe
fiel auf ihr mattes Gesicht. Ihre Augen leuchteten
einen Moment auf, um kurz darauf wieder in ein
Nichts zu schauen. Die Gebrechen des Alters hatten
an ihren Kräften gezehrt.

Sie dachte oft an früher; an das Leben in der fer-
nen, großen Stadt. Das Schicksal hatte sie in die Pro-
vinz vertrieben. Sie, den Großstadtmenschen. Sie
hatte sich damit abfinden müssen und trauerte oft
den verpassten Gelegenheiten in ihrem Leben nach.
Nur manchmal blitzte die Erinnerung auf, die sie
dann nicht mehr los lassen wollte. So schön waren
die Eindrücke. Aber die Wehmut und die Schmerzen
ihrer Leiden ließen sie nicht lange in den Bildern
vergangener Tage verharren. Sie hatten es so schön
gehabt in der Ferne. Ein Haus, einen Garten, viele
Freunde und Bekannte. Doch eines Tages mussten
sie loslassen. Entweder ab in die Provinz oder ar-
beitslos wurde ihnen angekündigt. Sie hatten sich
für den Broterwerb entschieden. Es war eine schwere
Zeit und viele standen schon auf der Straße.

Dann war die Ankunft in der Fremde, die sie nie
vergessen wird. Die andere Umgebung, die neuen
Gesichter, die andersartige Sprache, die provinziel-
len Züge der Straßen, Gebäude und Geschäfte.

Sie hatten sich nur schwer zu Recht gefunden,
aber sie haben es geschafft. Hatten sich eingelebt,
Wohnraum eingerichtet, einen Freundeskreis aufge-
baut, Reisen unternommen. Es waren schöne Jahre
gewesen. Die Erinnerung an die Vergangenheit ver-
blasste. Ihr Mann wurde plötzlich aus ihrer Mitte
gerissen. Jetzt, wo er im Ruhestand war und sie es so
schön haben konnten im Leben.

Sie hatte zwar noch viele Kontakte, die sie pflegte.
Besuche, die sie unternahm. Sie war ein Mittelpunkt
für Gespräche, nicht alltäglich, sondern schöngeistig,
politisch. Sie war belesen. Unzählige Bücher reihten
sich im Regal und diverse Zeitschriften schmückten
ihren Tisch.

Doch mit den Leiden wurde es ruhiger in ihrem
Leben. Sie konnte nicht mehr aus dem Haus. Die
Sehnsucht an vergangene Zeiten und der Schmerz
der Erinnerung bestimmten ihre Gedanken. Die Bil-
der aus der Großstadt wurden wieder lebendig. Die
Tageszeitung aus der Ferne hielt die Verbindung
noch wach. Aber da waren sie wieder, die Gedan-
ken, die alles überlagerten, sie quälten und nicht zur
Ruhe kommen ließen. Sie verfluchte ihr Schicksal
und dass sie ihre geliebte Stadt eingetauscht hatte.
Aber es gab kein Zurück.

EIN ALTERNDER LÖWE

Er steht auf einer Anhöhe. Er ist langsamer geworden in seinen Bewegungen. Die Lebendigkeit ist ihm abhanden gekommen. Seine Gedanken werden träge, sind nicht mehr so spontan wie früher. Er muss viel an längst vergangene Zeiten denken, wenn er die Jungen sieht. Wie sie unbekümmert mit Ihresgleichen spielen und ihre Kräfte messen.

Er sieht die jungen Löwinnen. Wie anmutig sie doch sind. Es schmeichelt ihm, wenn sie ihm schöne Augen machen. Er möchte das Rad der Zeit zurückdrehen. So schwelgt er in der Erinnerung und ein Lächeln huscht über sein Gesicht.

Er will den Jungen Ratschläge geben. Sie hören kaum auf ihn. Wollen ihren eigenen Weg gehen. Wissen alles besser oder machen sich lustig über ihn, wenn er ihren Gedanken nicht mehr folgen kann. Nur wenn er alte Geschichten erzählt, kann er sie in seinen Bann ziehen. Da hören sie ihm gespannt zu. Er darf bloß nicht zu ausschweifend werden, dann verlieren sie schnell die Geduld am Zuhören.

So sind seine Tage einsamer geworden. Er sucht die Anhöhe. Hier kann er sich zurückziehen. Wenn diese Gedanken nicht wären, die ihn quälen. Er versucht, sie zu verdrängen und sich an die schönen Seiten in seinem Leben zu erinnern. Wie er jung war. Sie gespielt haben.

Welch schwere Kämpfe er ausgetragen hat und dabei Sieger blieb, wenn auch mit mancherlei Blessuren.

Wie er sich seine Frau genommen hat und sie ihm die Kinder gebar.

Er sieht die Schönheit der Landschaft vor ihm, die ihn Zeit seines Lebens begleitet hat. Die Weite der Savanne, die Wasserstellen und die Berge in der Ferne. Es ist alles so ruhig und friedlich. Er ist eins mit sich und der Natur.

Rudolf Diener, geb. 1951, Krankenkassenfachwirt i.R. lebt in seiner Heimatstadt Schweinfurt.

Schreibt seit seiner Jugend sporadisch Gedichte; später auch Kurzgeschichten.

Bisherige Veröffentlichungen:

„Fliegende Blätter" und „Maskenball"

Beim Psalmen-Wettbewerb des evangelischen und katholischen Dekanats Schweinfurt im Jahr 2003 wurde der Psalm „Warum?" prämiert. Dieser wurde seinerzeit in der Palliativstation Schweinfurt ausgehängt.

Im Jahr 2010 gehörte er aufgrund seines Beitrags „Einigkeit und Recht und Freiheit…" zu den ausgewählten Lesern der Main-Post, die den 20. Jahrestag der Deutschen Einheit in Berlin begehen durften.

Mit seinem Gedicht „Monotonie" ist er in der klassischen Edition der „Frankfurter Bibliothek" des zeitgenössischen Gedichts 2013, herausgegeben von der Brentano-Gesellschaft Frankfurt, vertreten.

Ehrenamtlich in einer evang.-luth. Kirchengemeinde und in einem Bürgerverein engagiert.

In der Adventszeit Vorleser von Weihnachtsgeschichten.